JN070430

ぷるぷる
とろける

300yen円で
ひんやりデザート

URARA MIYAZAWA
宮沢うらら 著

ひみつのスイーツ工房(こうぼう)へようこそ！

材料(ざいりょう)3つで300円、ひんやりスイーツがつくれるよ♪

不思議(ふしぎ)なのび～るトルコ風アイス
ふんわりパイナップルあわ雪かん
バニラアイスで手軽にクリームブリュレ……

1年中、365日楽しめる
みんな大好(だいす)き！　ひんやりデザート

身近な材料(ざいりょう)でチャレンジしてね！

Cool Dessert

汐文社

Contents

もくじ

材料
ざいりょう

Ingredients

この本では、100円ショップや100円コンビニで買えるものを材料1つと考えて、3つの材料「300円」でつくれるレシピを中心に紹介しています。その他、たまごは2こで100円、牛乳は200mLで100円など、使用量で計算し、さとう、塩、水、氷、お湯は、「300円」の材料費のなかには入っていません。

フルーツミックス（かんづめ）

なし、黄桃、パイナップルなど数種類のフルーツをシロップづけにしたもの。

みかん（かんづめ）

シロップづけにしたみかん。

ジャム

果実とさとうをいっしょに煮つめたもの。この本ではいちご、ブルーベリー、りんごも使用。

納豆

大豆をむしたり、煮たりしてやわらかくし、発酵させたもの。

つぶあん

小豆をあまく煮てつぶしたあん。

粉ゼラチン

液体を固める時に使う。

粉寒天

テングサやオゴノリなどの海藻が原材料。

ミックスカラーシュガー

お菓子のトッピングにおすすめ。

マシュマロ

水あめ、さとう、ゼラチンなどが原材料。

白玉粉

もち米からつくった粉。

まっ茶パウダー

てん茶を粉末にしたもの。

かたくり粉

ジャガイモから製造される馬鈴薯でんぷん。

とけない粉ざとう

水分に強く、お菓子のトッピングにおすすめ。

（参考にした価格・商品は2023年8月現在のものです）

道具

この本で使う主な道具を紹介します。

スプーン

この本では大きめのスプーンを使用。

クッキングシート

生地がくっつかないようにする時に使う。

ラップ

電子レンジで温める時や冷蔵庫で冷やし固める時に使う。

おたま

液体などをすくうための道具。

アルミホイル

食材を包んだり、加熱する時にしいたりする。

スティック（木製）

木でつくられたぼう。

ざる

水をきる時に使う。

あみじゃくし

揚げ物などをすくいあげる。

あわ立て器

材料をまぜたり、あわ立てたりする。

バット

生地をおいたり、冷やし固めたりする。

ボウル

材料をまぜたりあわ立てたりする時に使う。

耐熱ボウル

熱に強いガラス製のボウル。電子レンジで材料を温める時に使用。

ミトン

熱くなったなべや耐熱ボウル、天板をつかむ時に使う。

調理器具

この本で使う主な調理器具を紹介します。
安全に注意して使いましょう。

ハンドミキサー

電動あわ立て器。あっという間にあわ立てることができて便利。電源が入っている時は羽根をさわらないように、取りあつかいには注意しましょう。

電子レンジ

この本の加熱時間は 600W のものを使用した場合の目安です。500W なら加熱時間を 1.2 倍に調節しましょう。はじめてつくる場合は、【つくり方】に書かれている加熱時間よりも短めにして、様子を見ながら少しずつ時間を増やしていきましょう。メーカーや機種によっても加熱時間が変わります。

コンロ

必ず大人といっしょに使いましょう。火のそばに燃えやすいものがないか、確認してから火をつけて、使用中はぜったいにそばからはなれず、ヤケドにも注意しましょう。

弱火
火がなべの底に
あたらないくらい。

中火
火の先がなべの底に
ちょうどあたるくらい。

強火
火がなべの底に
しっかりあたっている。

 IH コンロは説明書を見て火かげんを調節してね。

材料のはかり方

計量スプーン

さとうや粉などはスプーンで山もりにすくって、ほかのスプーンの柄などですりきります。

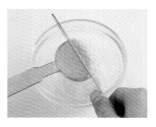

計量カップ

カップを平らなところにおき、めもりを真横から見て正しくはかりましょう。

はかり

デジタルはかりが便利。容器をのせたあとに、めもりをゼロにしてから材料を入れましょう。

少々

塩などを親指とひとさし指の指先でつまんだ量。

卵黄と卵白の分け方

計量スプーンを使うと、失敗しにくいよ。
卵黄がくずれないように、そっとすくおう。

1

ボウルにたまごをわり入れる。

2

計量スプーン（大さじ）でそっと卵黄をすくって、別のボウルにうつす。

3

卵黄と卵白に分けたところ。

この本に出てくる用語

- 適量(てきりょう)――――――――ちょうどよいくらいの量(りょう)。

- 材料外(ざいりょうがい)――――――【材料(ざいりょう)】にのっていないもの。

- 容量(ようりょう)(●mL)――――――器などのいれものに入る液体(えきたい)の量(りょう)(mL＝ミリリットル)。

- 加熱(かねつ)――――――――――熱を加(くわ)えること。

- ツノが立つ――――――――生クリームや卵白(らんぱく)をあわ立てる時、あわ立て器にくっついてきたクリームが、ツノのようにとがった状態(じょうたい)のこと。ボウルを逆(さか)さまにしても、材料(ざいりょう)が落ちないくらいになる。

- ふんわりラップ――――――ラップのはしは器(うつわ)にぴったりとつけ、上だけふんわりとさせること。

お菓子(かし)をつくる前に

はじめに【つくり方】を何度も読んで、しっかり手順(てじゅん)をおぼえましょう。

▼

エプロンをつけたり、かみの長い人はむすんだり、身支度(みじたく)をしましょう。

▼

石けんできれいに手を洗(あら)いましょう。

▼

使う道具をそろえましょう。材料(ざいりょう)は正確(せいかく)にはかりましょう。

▼

手順(てじゅん)にそって、写真もよく見てつくりましょう。

つくり終えたら、道具はきれいに洗(あら)って元の場所にもどしましょうね。あとかたづけまでがお菓子(かし)づくりです。

マシュマロムース

いちご、マーマレード、
ブルーベリー♪
どの味が好き？（つくり方は10ページ）

Marshmallow
Mousse

White Chocolate Mousse

ホワイトチョコムース

みんな大好き！ミルキーなデザート♡

（つくり方は11ページ）

【マシュマロムース】

道具

はかり／計量カップ／計量スプーン／耐熱ボウル／
電子レンジ／ミトン／あわ立て器／
プラスチックカップ／おたま

材料 ［100mLのカップ　3こ分］

マシュマロ	80g
プレーンヨーグルト（むとう）	200mL
好みのジャム	大さじ3
水	30mL

つくり方

1 大きめの耐熱ボウルにマシュマロ、水を入れ、電子レンジ600Wで2分ほど加熱する。

2 電子レンジから1を取り出し（必ずミトンをする）、あわ立て器でまぜてとかす。

3 プレーンヨーグルトを加え、よくまぜる。

4 カップにジャムを小さじ2ずつ入れて平らにし、おたまで3を入れる。

5 冷蔵庫で3時間ほど冷やし固める。

6 ジャムを小さじ1ずつのせる。あれば、チャービル（材料外）をかざる。

ジャムの量を増やしたり減らしたりして、あまさを調整してね♪

【ホワイトチョコムース】

道具

はかり／計量カップ／耐熱ボウル／電子レンジ／
ミトン／あわ立て器／おたま／紙カップ

材料 ［140mLのカップ　3こ分］

マシュマロ	90g
牛乳	200mL
ホワイトチョコレート	40g

つくり方

1
大きめの耐熱ボウルにマシュマロ、牛乳を入れ、電子レンジ600Wで2分ほど加熱する。

2
電子レンジから1を取り出し（必ずミトンをする）、あわ立て器でまぜてとかす。

3
ホワイトチョコレートを細かくわって入れ、よくまぜてとかす。

4
おたまで3をカップに流し入れ、冷蔵庫で3時間ほど冷やし固める。

5
チェリー（材料外）をかざる。なくてもOK。

Orange Chocolate Mousse

オランジェットチョコムース

不思議！ チョコと水だけ？

道具

はかり／計量スプーン／計量カップ／耐熱ボウル／
電子レンジ／ミトン／ハンドミキサー（またはあわ
立て器）／ボウル／スプーン／小さい容器／紙／
えんぴつ／ハサミ／茶こし

材料 〔100mLの容器 2こ分〕

ミルクチョコレート	50g
マーマレードジャム	小さじ2
とけない粉ざとう	適量
水	35mL

つくり方

1 耐熱ボウルにミルクチョコレートを
わり入れる。

2 水を加え、電子レンジ600Wで1分
20秒ほど加熱してとかす。

3 耐熱ボウルの底を氷水につけなが
ら、ハンドミキサーでもったりする
まで5分ほどあわ立てる。

4 容器にマーマレードジャムを小さじ
1ずつ入れる。

5 スプーンで3を入れ、冷蔵庫で3
時間ほど冷やし固める。

6 紙にハートを書き、ハサミで切りぬ
いて5にのせ、茶こしで粉ざとう
をふりかける。

Cream Brûlee

クリームブリュレ

バニラアイスでクリーミープリン♪

道具

計量カップ／計量スプーン／耐熱ボウル／
電子レンジ／ミトン／ボウル／あわ立て器／
おたま／耐熱容器／アルミホイル／フライパン／
クッキングシート／ふた／なべ／スプーン

材料　〔100mLの容器　3こ分〕

バニラアイス（市販）………	200mL
たまご（卵黄のみ使用）………	2こ
さとう………	大さじ2
水………	小さじ2

つくり方

1 耐熱ボウルにバニラアイスを入れ、電子レンジ600Wで2分ほど加熱する。

2 たまごを卵黄と卵白に分ける（→6ページ）。1に卵黄を加え、あわ立て器でまぜる。

3 2を耐熱容器に流し入れる。

4 3にアルミホイルをかぶせ、フライパンにクッキングシートをしき、上にならべる。

5 耐熱容器の高さ半分ぐらいまでお湯を注ぎ、ふたをして弱火で10分ほどむす。

6 火を止めてそのまま10分おいて取り出し、冷蔵庫で2時間ほど冷やす。

（つぎのページへ）

7 カラメルをつくる。なべにさとう、水を入れて中火で加熱する。

さとうはグラニュー糖がおすすめ♪

8 7がうす茶色に色づきはじめたら火を止める。

9 スプーンで8をできるだけうすく6にかける。

⚠️

レンジで加熱した後の耐熱ボウルは熱いので、必ずミトンをして取り出しましょう。

カラメルは熱いのでやけどしないように気をつけましょう。

カラメルはほろにがいので、なくてもOK！

10 冷蔵庫で5分ほどパリッと冷やし固める。

ガスバーナーやオーブンなしでつくる簡単クリームブリュレ。
時間がたつとカラメルのパリパリ感がなくなるので、つくりたてを食べてね。

プラス
＋1 でもっとおいしく！

いちごジャムソース

カラメルのかわりに、
いちごジャムでさわやかに。

材料〔3こ分〕

いちごジャム	20g
お湯	小さじ1

つくり方

1 つくり方1〜6（15ページ）は同じ。いちごジャムにお湯を加えてよくまぜ、クリームブリュレにかける。

プラス
＋2 でもっとおいしく！

プリンアラモード風

レトロな喫茶店スイーツ風に

材料〔3こ分〕

ホイップクリーム	適量
好みのカットフルーツ	適量

つくり方

1 つくり方1〜6（15ページ）は同じ。クリームブリュレの上にホイップクリームをしぼり、好みのカットフルーツをかざる。

みかんミルクゼリー

さわやかでミルキーなデザート♪

Orange Milk Jelly

道具

はかり／計量カップ／耐熱ボウル／電子レンジ／
ミトン／スプーン／リング型／おたま／包丁／
まな板

材料 〔直径18cmのリング型 1台分〕

粉ゼラチン	10g
牛乳	200mL
みかん（かんづめ）	100g
（※かんづめのシロップ80mLも使用）	

水	200mL
さとう	50g

つくり方

1

耐熱ボウルに水、粉ゼラチンを入れ、
電子レンジ600Wで1分30秒ほど
加熱し、スプーンでまぜてとかす。

2

さとうを加え、まぜてとかす。

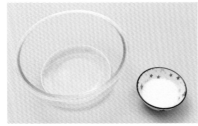

3

牛乳、シロップ80mLを加えてまぜる。

4

みかんを型にならべる。

5

4におたまで3を流し入れ、冷蔵
庫で3時間ほど冷やし固める。型か
ら出し、好みの大きさにカットする。

PURURU MOCHI MOCHI

フルーツ白玉

食感が楽しいデザート♡

Fruit Shiratama

道具

はかり／計量カップ／耐熱ボウル／電子レンジ／
ミトン／スプーン／ボウル／なべ／ミトン／
あみじゃくし／ざる／包丁／まな板

材料 〔4人分〕

黄桃（かんづめ）·········· 1かん（固形量180g）
（※かんづめのシロップ100mL使用する）
白玉粉 ························· 100g
フルーツミックス（かんづめ）
························ 1かん（固形量100g）

水 ···························· 210mL
さとう ························· 30g

つくり方

1 耐熱ボウルに水120mL、さとう、
シロップ100mLを入れ、電子レン
ジ600Wで1分ほど加熱し、スプー
ンでまぜる。冷蔵庫で冷やしておく。

2 ボウルに白玉粉、水90mLを加え、
耳たぶくらいの固さにこねる。固
かったら少量の水（分量外）を加える。

3 1こずつ手で丸め、27こ（1こあた
り7g）つくる。

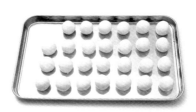

4 なべに水を入れ、ふっとうしたら
3を入れ、浮き上がってきたらさ
らに1分ほどゆで、あみじゃくしで
氷水に取って冷ます。

5 ざるに上げて水気をよく切る。

6 1にひと口サイズにカットした黄
桃、フルーツミックス、5の白玉を
加える。

Ice Cream

HAPPY BIRTHDAY

HAPPY BIRTH DAY

アイスクリームタルト

バースデーケーキにもいいね♪ （つくり方は24ページ）

あずきアイス

上品なあまさ、和風アイス♪

（つくり方は25ページ）

塩キャラメルアイス

塩味がアクセント、リッチなアイス♪

（つくり方は25ページ）

【アイスクリームタルト】

道具

計量カップ／ボウル／ジッパーつきビニール袋／
めんぼう／紙型／スプーン

材料　［直径15cmの紙型　1台分］

バニラアイス（市販）	200mL
ストロベリーアイス（市販）	200mL
クッキー（市販）	11枚

つくり方

1

バニラアイス、ストロベリーアイス
を冷凍庫から出して室温におき、ま
ぜやすいようにやわらかくする。

2

クッキー8枚をジッパーつきビニール
袋に入れ、めんぼうで細かくくだく。

3

2を紙型の底にしきつめる。

4

3に1のバニラアイスを加え、ス
プーンで平らにする。

5

4に1のストロベリーアイスを加
え、平らになるようにする。

6

残りのクッキー3枚を手で細かく
わって、円をえがくようにかざり、
冷凍庫で3時間ほど冷やし固める。
型から出して、好みの大きさにカッ
トする。

紙型を使用すると、取り出す時かんたん！

【あずきアイス】

道具

はかり／計量カップ／ボウル／スプーン

材料 〔2人分〕

バニラアイス(市販)	200mL
つぶあん(市販)	60g

つくり方

1 バニラアイスは冷凍庫から出して室温におき、まぜやすいようにやわらかくする。

2 1につぶあんを加え、スプーンでぐるぐるとまぜ合わせる。冷凍庫で1時間ほど冷やし固める。

まぜすぎないように気をつけてね。

【塩キャラメルアイス】

道具

計量カップ／計量スプーン／ボウル／耐熱容器／電子レンジ／ミトン／スプーン

材料 〔2人分〕

バニラアイス(市販)	200mL
キャラメル(市販)	6つぶ

水	大さじ2
塩	少々

つくり方

1 バニラアイスをやわらかくする(→あずきアイスのつくり方1)。

2 耐熱容器にキャラメル、水、塩を入れ、電子レンジ600Wで3分ほど加熱する。

3 2をスプーンでかきまぜ、1に加える。ぐるぐると3回ほどまぜ合わせ、冷凍庫で2時間ほど冷やし固める。

Turkish Ice Cream

トルコ風アイス

のび〜〜るアイス！

道具

計量カップ／ボウル／容器／はし／スプーン

材料　〔2人分〕

バニラアイス（市販）--------200mL
納豆（ねばねばのみ使用）--------1パック

つくり方

1　バニラアイスは冷凍庫から出して室温におき、まぜやすいようにやわらかくする。

2　納豆は容器に入れ、はしで白っぽくなるまでぐるぐるまぜる。

3　納豆は容器からパックにもどす。
※容器に残ったねばねばを使う。

4　3の容器にバニラアイスを入れ、スプーンでねばり気が出るまでまぜ続ける。

まっ茶アイス、
チョコアイスなどでも
つくってみてね。

伝統的なトルコアイスのねばり気は、山岳部に自生するサーレップというラン科の植物の球根からつくる粉の力。このレシピではサーレップのかわりに納豆を使ったよ。できたアイスに納豆のかおりや味はまったくしないから、納豆が苦手な人もだいじょうぶ！

FROZEN SWEETS

ヨーグルトアイス

口の中でとろける、ひとロアイス♪

道具

はかり／計量カップ／ボウル／あわ立て器／
スプーン／シリコンモールド（または製氷皿）

材料　〔キューブ18こ分／アイスクリーム型18こ分〕

プレーンヨーグルト（むとう）	200mL
ブルーベリージャム	100g
りんごジャム	100g

つくり方

1
ボウルにプレーンヨーグルト
100mL、ブルーベリージャムを入
れる。

2
あわ立て器でよくまぜ合わせる。

3
2をスプーンでシリコンモールドに
入れる。

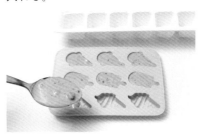

4
3を冷凍庫で4時間ほど冷やし固め
る。

5
りんごジャムでも1〜4をつくる。

シリコンモールドはいろんな型があるので
いろいろ試してみてね。

Ice Pop

夏休みの自由研究におすすめ！

アイスキャンディ

（つくり方は32ページ）

とけないアイス

フルーツ
アイスキャンディ

（つくり方は34ページ）

【アイスキャンディ】

道具
はかり／計量カップ／計量スプーン／耐熱ボウル／
スプーン／電子レンジ／ミトン／ラップ／
アイスキャンディメーカー

材料〔6本分〕

カルピスウォーター（市販）…………	400mL
寒天パウダー………………	2g
かき氷シロップ（ブルーハワイ）…	小さじ6

希釈用のカルピスを使う場合は、説明書通りに水を
加えて400mLをつくってね。

つくり方

1 耐熱ボウルにカルピスウォーター
200mL、寒天パウダーを入れ、ス
プーンでよくまぜる。

2 1にふんわりラップをかけ、電子レ
ンジ600Wで4分ほど加熱して取り
出し（必ずミトンをする）まぜる。

3 2に残りのカルピスウォーターを加
え、よくまぜる。

4 計量カップに3を注ぎ入れる。

5 4をアイスキャンディメーカーに
注ぎ入れる。

6 ⑤にかき氷シロップを小さじ1ずつ そっと静かに注ぎ入れる。まぜない。

7 ⑥を冷凍庫へ入れて6時間ほど冷やし固める。

いちご、メロン、パインなど、好みのかき氷シロップでも試してね♪

アイスキャンディメーカーで、手軽にオリジナルアイスキャンディをつくろう♪

持ち手がかわいい！牛乳にさとうを加え、カットフルーツを入れて凍らせてもいいね。

カラフルな容器には、ヨーグルトドリンクを注いでフローズンヨーグルトアイスに。

アイスがとけたら飲めるストローつき。市販のミルクティーを凍らせるのがおすすめ。

【フルーツアイスキャンディ】

道具

はかり／計量カップ／耐熱ボウル／スプーン／
電子レンジ／ミトン／おたま／スティック（木製）／
プラスチックコップ（容量110mL）

材料 〔各2本、合計4本分〕

《オレンジミルク》

オレンジジュース（果汁100%）	280mL
粉ゼラチン	5g
牛乳	50mL
さとう	40g

《アップルミルク》

アップルジュース（果汁100%）	280mL
粉ゼラチン	5g
牛乳	50mL
さとう	40g

つくり方

1 耐熱ボウルにオレンジジュース80mL、粉ゼラチンを入れてスプーンでまぜ、電子レンジ600Wで50秒ほど加熱し、まぜてとかす。

2 1にさとうを加え、まぜてとかす。

3 残りのオレンジジュース200mL、牛乳を加えてよくまぜる。

牛乳を入れない場合は、ジュースを50mL増やしてね。

4 3をおたまでコップに注ぎ、スティックをさし、スティックがたおれないようにささえ、冷凍庫で冷やし固める。

スティックはわりばしで代用できるよ。

5 アップルジュースも1〜4と同じやり方でつくる。

市販^{しはん}の
アイスで

Arranged Recipe

アレンジレシピ

【ガリガリ君でソーダシェイク】

［1人分］

1 ガリガリ君ソーダ1本をバーから外して、ミキサーにわり入れる。

2 牛乳^{ぎゅうにゅう}50mLを加^{くわ}え、まざり合うまで5秒ほどかくはんし、コップに注ぐ。

※ミキサーがない場合は、ガリガリ君をフォークで細かくくだいて牛乳^{ぎゅうにゅう}を注いでもOK！

【あずきバーで冷^ひやししるこ】

［1人分］

1 耐熱^{たいねつ}カップにあずきバー1本を入れ、電子レンジ600Wで1分加熱^{かねつ}する。

2 1を冷蔵庫^{れいぞうこ}で冷^{つめ}たくし、白玉3こを加^{くわ}える。（白玉を自分でつくる場合は、21ページの2～5をみてね）

※温めてもおいしい♪

【MOW^{モウ}でアイスサンド】

［2こ分］

1 MOW^{モウ}1こを半分にし、それぞれビスケット2枚^{まい}ではさむ。

2 冷凍庫^{れいとうこ}で30分ほど冷^ひやし固^{かた}める。

※いちご、まっ茶、チョコなど、好みのフレーバーでも試^{ため}してね。

【アイスの実でコロコロサイダー】

［1人分］

1 グラスにアイスの実を10こ入れる。

2 サイダー150mLを注^{ぎゅうにゅう}ぐ。

※サイダーのかわりに牛乳^{ぎゅうにゅう}を入れるのもおすすめ♪

いちごシャーベット

いちごミルクのシャリシャリ食感がいいね♡

Strawberry Sherbet

道具

はかり／計量カップ／耐熱ボウル／電子レンジ／
ミトン／スプーン／ジッパーつきビニール袋／
バット

材料〔3人分〕

粉ゼラチン	5g
いちごジャム	120g
牛乳	200mL
水	100mL
さとう	30g

つくり方

1 耐熱ボウルに水、粉ゼラチンを入れてスプーンでまぜ、電子レンジ600Wで40秒ほど加熱してとかす。

2 1にさとうを加え、まぜてとかす。

3 ジッパーつきビニール袋にいちごジャムを入れる。

4 2と牛乳を加えて袋の口を閉じ、手でもんでまぜる。

5 4をバットにのせ、冷凍庫で冷やす。

6 1時間たったら取り出し、手でもんでやわらかくする。3回ほどくり返す。

いちごジャムのかわりにほかのジャムでもOK！

チョコバナナアイス

冷凍(れいとう)バナナとチョコの黄金コンビ！

Frozen Chocolate Banana

道具

はかり／包丁（ほうちょう）／まな板／スティック（木製）（もくせい）／
バット／耐熱（たいねつ）ボウル／電子レンジ／ミトン／
スプーン

材料（ざいりょう） 〔6本分〕

バナナ（小サイズ）	3本
ミルクチョコレート	50g
ミックスカラーシュガー	適量（てきりょう）

中サイズのバナナなら、2本を3等分に切って
つくってね。

つくり方

1
バナナは包丁（ほうちょう）で半分に切る。

2
1にスティックをさしてバットにな
らべ、冷凍庫（れいとうこ）で3時間ほど冷（ひ）やす。

3
ミルクチョコレートを細かくわって
耐熱（たいねつ）ボウルに入れ、電子レンジ
600Wで1分20秒ほど加熱（かねつ）してと
かす。

4
3をスプーンで2のバナナにかけ、
バットにならべる。

5
好（この）みでミックスカラーシュガーをふ
りかける。なくてもOK。

6
5を冷凍庫（れいとうこ）で2時間ほど冷（ひ）やし固（かた）める。

スティックはわりばしで代用できるよ。

Pineapple

Awayukikan

パイナップルあわ雪かん

ふんわりシュワシュワ南国の味！

道具

はかり／計量カップ／包丁／まな板／ボウル／
計量スプーン／ハンドミキサー（またはあわ立て器）／
耐熱ボウル／ラップ／電子レンジ／ミトン／スプーン／
保存容器

材料　［16×8×高さ4cmの保存容器　1こ分］

パイナップル（かんづめ）	4切れ
（※かんづめのシロップ大さじ2も使用）	
たまご（卵白のみ使用）	2こ
粉寒天	2g（小さじ1）
さとう	30g
水	100mL

つくり方

1　パイナップル3切れを包丁で細かく切る。

2　たまごを卵黄と卵白に分ける（→6ページ）。卵白のみボウルに入れる。

3　卵白をハンドミキサーでかるくあわ立てる。

4　さとうを加え、ツノが立つまであわ立てる。

5　耐熱ボウルに水、粉寒天、シロップを入れる。

6　5にふんわりラップをかけ、電子レンジ600Wで3分加熱する。

（つぎのページへ）

7 ミトンをして6を取り出し、1を加え、まぜ合わせる。

8 4をふたたびツノが立つまで少しあわ立てる。

9 7が熱いうちに8に加えてまぜ合わせる。

10 9を保存容器に入れ、冷蔵庫で2時間ほど冷やし固める。

11 10を保存容器から出す。パイナップル1切れを細かく切ってかざる。

あまった生地はカップなど
小さな器に入れて冷やし固めると、
手軽に楽しめるよ♪

100円ショップで便利グッズ

★ シリコンモードル

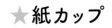

★ 紙カップ

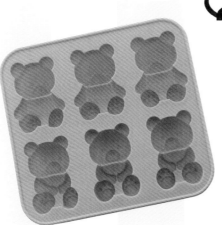

シリコン樹脂でできていて、型ばなれがよく、クマ、花、星、ハートなど、いろいろなかたちがあってかわいい。アイスやグミ、チョコを固める時に使う。

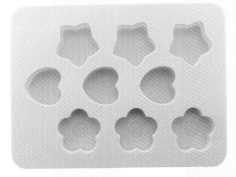

内面に耐水、耐油加工しているカップは、液体を入れて固めるゼリーやムースなどにおすすめ。

★ 紙型

焼き菓子やアイスケーキなどに便利。この本では直径15cmを使用。

冷やしまっ茶しるこ

ひんやりお茶の香り♪

Matcha Shiruko

道具

はかり／計量カップ／計量スプーン／耐熱ボウル／
電子レンジ／ミトン／あわ立て器／ボウル／なべ／
あみじゃくし／ざる／スプーン

材料〔3人分〕

まっ茶パウダー	小さじ2
豆乳（無調整）	200mL
白玉粉	50g
水	125mL
さとう	60g

つくり方

1 耐熱ボウルにまっ茶パウダー、水80mLを入れ、電子レンジ600Wで30秒ほど加熱し、あわ立て器でまぜてとかす。

2 さとう、豆乳を加えてよくまぜ、冷蔵庫に入れてよく冷やしておく。

3 ボウルに白玉粉、水45mL（大さじ3）を加えて、耳たぶくらいの固さにこねる。固かったら少量の水（分量外）を加える。1こずつ手で丸め、45こ（1こあたり2g）の小さな白玉をつくる。

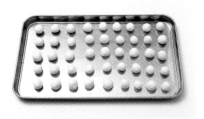

4 なべに水を入れ、ふっとうしたら3を入れ、浮き上がってきたらさらに1分ほどゆでて、冷水に取って冷ます。

5 ざるに上げて水気をよく切る。器にたっぷり氷（材料外）を入れて2を注ぎ入れ、白玉をのせる。

わらびもち　かたくり粉で手軽につくろう♪

Warabi Mochi

道具

はかり／計量カップ／なべ／木べら／ミトン／
バット／おたま／スプーン／ボウル／ざる

材料 〔3人分〕

かたくり粉	50g
黒みつ	適量
きな粉	適量
水	350mL
さとう	30g

つくり方

1

なべにかたくり粉、水、さとうを入れ、よくまぜる。

2

1を弱火で加熱しながら、木べらでかきまぜ続ける。透明になってきたらなべを火から下ろし、さらによくかきまぜる。

3

生地がまとまってきたら、バットにうつす。

4

スプーン2本を使って3をひと口サイズにとり、氷水に入れて冷やす。

5

4をざるに上げて水気を切り、器にもる。黒みつをかけ、きな粉をそえる。

プラス ＋1 でもっとおいしく！

まっ茶わらびもち

1のかたくり粉にまっ茶パウダー
小さじ1を加えてつくろう。
きな粉のかわりにこしあんがおすすめ！

Urara
Miyazawa

宮沢うらら

企画・レシピ考案・フードスタイリング

料理研究家
ル・コルドン・ブルーにて菓子ディプロマ取得。
マクロビオティッククッキングスクールで玄米菜食を学ぶ。
企業でのレシピ開発、書籍・雑誌でのレシピ提供多数。
簡単で、おしゃれで、からだにやさしいレシピが好評。
こどもたちに料理を通して、喜びを感じたり
自立心を養ってほしいと、こどもが主となって
つくることができるレシピを提案している。

著書に
「道具1つでらくらくスイーツ」
「かんたん！ おいしい！ フォトジェニック・スイーツ」
「かんたん15分！ 材料3つですいすいスイーツ」
「はじめてのだしクッキング」
「つくって楽しい！ 世界のスイーツ」
「からだにやさしいヘルシースイーツ」
「つくって楽しい！ かんたんスイーツ」
（小社刊）など。

写真
緒方栄二

編集
永安顕子

イラスト
カワツナツコ

ブックデザイン
山田 武

ぷるぷる とろける
300円でひんやりデザート

2024年1月 初版第1刷発行

著者 宮沢うらら
発行者 三谷 光
発行所 株式会社 汐文社
〒102-0071 東京都千代田区富士見1-6-1
電話 03-6862-5200 FAX 03-6862-5202
URL https://www.choubunsha.com
印刷 新星社西川印刷株式会社
製本 東京美術紙工協業組合